Impressum
Verlag: BABADADA GmbH, Nedderfeld 112 , 22529 Hamburg
Geschäftsführer / Verlagsleitung: Harald Hof
Druck: Books on Demand GmbH, In de Tarpen 42, 22848 Norderstedt

Imprint
Publisher: BABADADA GmbH, Nedderfeld 112 , 22529 Hamburg, Germany
Managing Director / Publishing direction: Harald Hof
Print: Books on Demand GmbH, In de Tarpen 42, 22848 Norderstedt

мәктәп

colegio

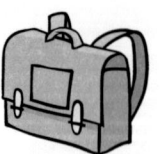

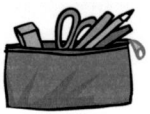

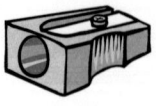

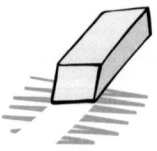

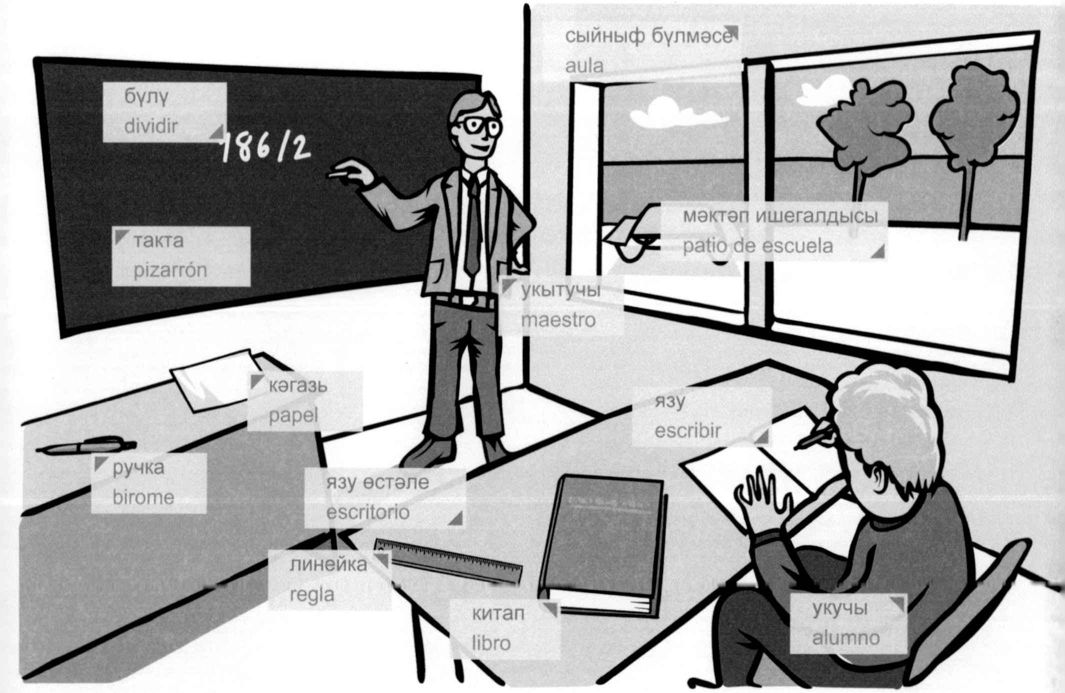
сыйныф бүлмәсе
aula
бүлү
dividir
186/2
такта
pizarrón
мәктәп ишегалдысы
patio de escuela
укытучы
maestro
кәгазь
papel
язу
escribir
ручка
birome
язу өстәле
escritorio
линейка
regla
китап
libro
укучы
alumno

букча
mochila

пенал
caja de lápices

каләм
lápiz

каләм очлагыч
sacapuntas

бетергеч
goma (de borrar)

рәсем ясау өчен альбом
bloc de dibujo

рәсем

dibujo

кисточка

pincel

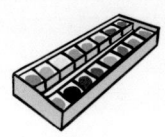

буяулар тартмасы

caja de pinturas

кайчы

tijera

җилем

pegamento

дәфтәр

cuaderno de ejercicios

өйгә эш

tarea

сан

número

кушу

sumar

алу

restar

тапкырлау

multiplicar

исәпләү

calcular

хәреф

letra

алфавит

abecedario

hello

сүз

palabra

текст

texto

уку

leer

акбур

tiza

дәрес

lección

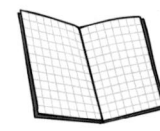

сыйныф журналы

cuaderno de clase

имтихан

examen

диплом

certificado

мәктәп формасы

uniforme escolar

мәгариф

educación

энциклопедия

enciclopedia

университет

universidad

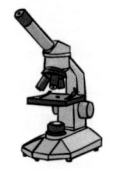

микроскоп

microscopio

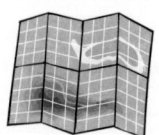

карта

mapa

кәгазь өчен кәрҗин

tacho (de basura)

сәяхәт

viaje

кунакханә
hotel
Grand
турбаза
hostel
ROOMS
валюта алмаштыру пункты
casa de cambio
CHANGE
чемодан
valija
автомобиль
auto

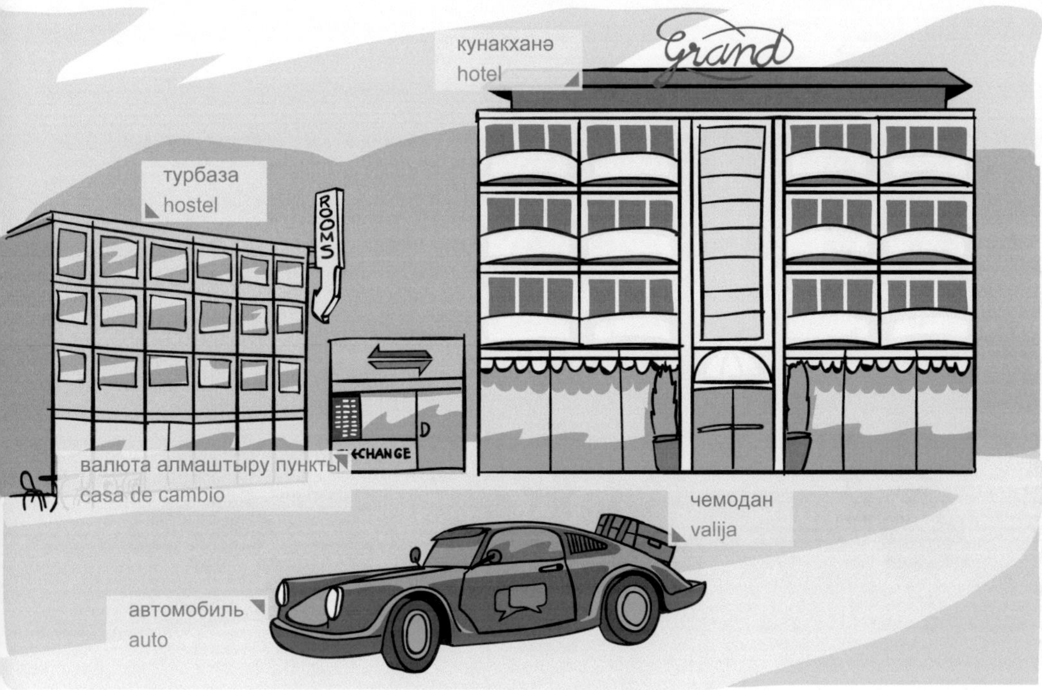

тел

idioma

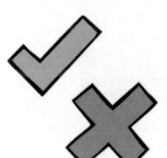

әйе / юк

sí / no

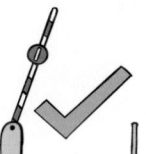

яхшы

Está bien

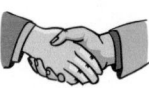

сәлам

hola

тәрҗемәче

traductor

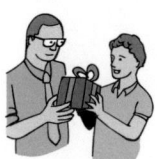

Рәхмәт

Gracias

Күпме тора...?

¿cuánto cuesta…?

Мин аңламыйм

No entiendo

проблема

problema

Хәерле кич!

¡Buenas tardes!

Хәерле иртә!

¡Buenos días!

Тыныч йокы!

¡Buenas noches!

хушыгыз

adiós

юнәлеш

dirección

багаж

equipaje

букча

bolso

рюкзак

mochila

кунак

invitado

бүлмә

habitación

йоклар өчен капчык

bolsa de dormir

палатка

carpa

сәяхәт - viaje

туристик мәгълүмат

información turística

пляж

playa

кредит картасы

tarjeta de crédito

иртәнге аш

desayuno

төш

almuerzo

кичке аш

cena

билет

pasaje

лифт

ascensor

почта маркасы

sello

чик

frontera

таможня

aduana

илчелек

embajada

виза

visa

паспорт

pasaporte

транспорт

transporte

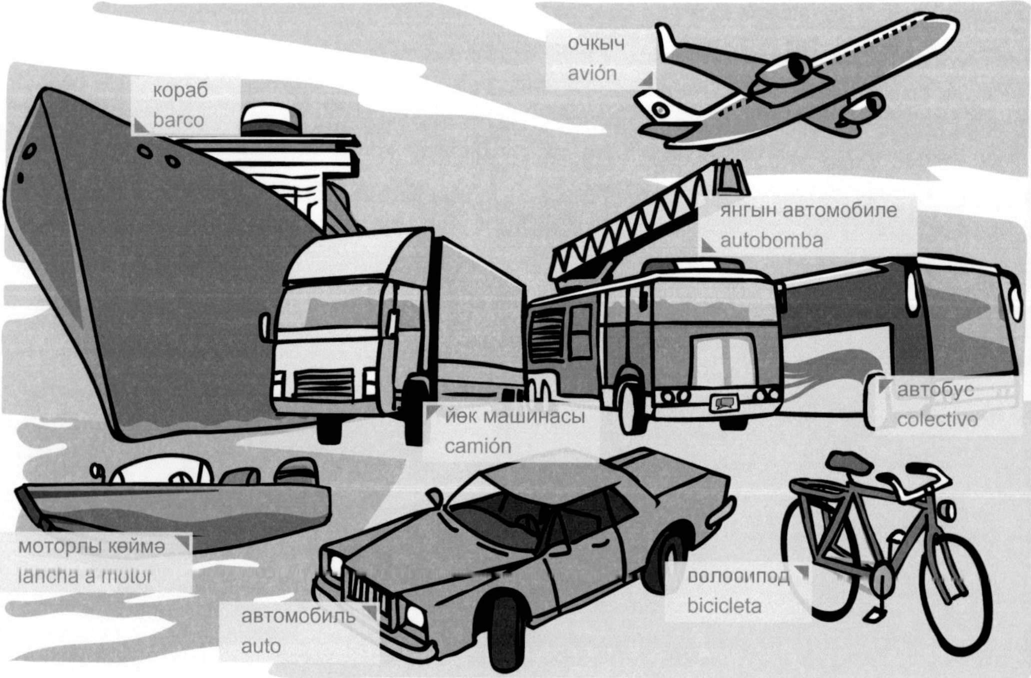

очкыч
avión
кораб
barco
янгын автомобиле
autobomba
йөк машинасы
camión
автобус
colectivo
моторлы көймә
lancha a motor
велосипед
bicicleta
автомобиль
auto

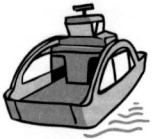

паром

ferry

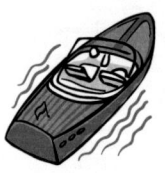

көймә

bote

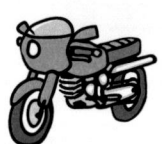

мотоцикл

moto

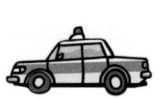

полиция автомобиле

patrullero

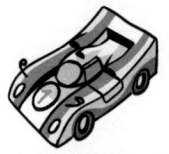

узыш автомобиле

auto de carreras

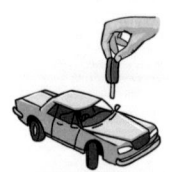

вакытлыча алып торган автомобиль

auto de alquiler

Автомобильләр белән
уртак файдалану

alquiler de autos

буксирлау автомобиле

grúa

чүп ташучы

camión de basura

двигатель

motor

ягулык

nafta

заправка

estación de servicio

юл билгесе

señal de tránsito

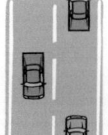

хәрәкәт

tránsito

бөке

embotellamiento

автомобиль тукталышы

estacionamiento

вокзал

estación de tren

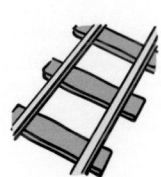

рельслар

vías

поезд

tren

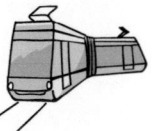

трамвай

tranvía

вагон

vagón

вертолет

helicóptero

аэропорт

aeropuerto

каланча

torre

юлчы

pasajero

контейнер

contenedor

тартма

caja de cartón

арба

carretilla

кәрзинкә

canasta

очу / җиргә төшу

despegar / aterrizar

шәһәр

ciudad

авыл

pueblo

шәһәр үзәге

centro de ciudad

йорт

casa

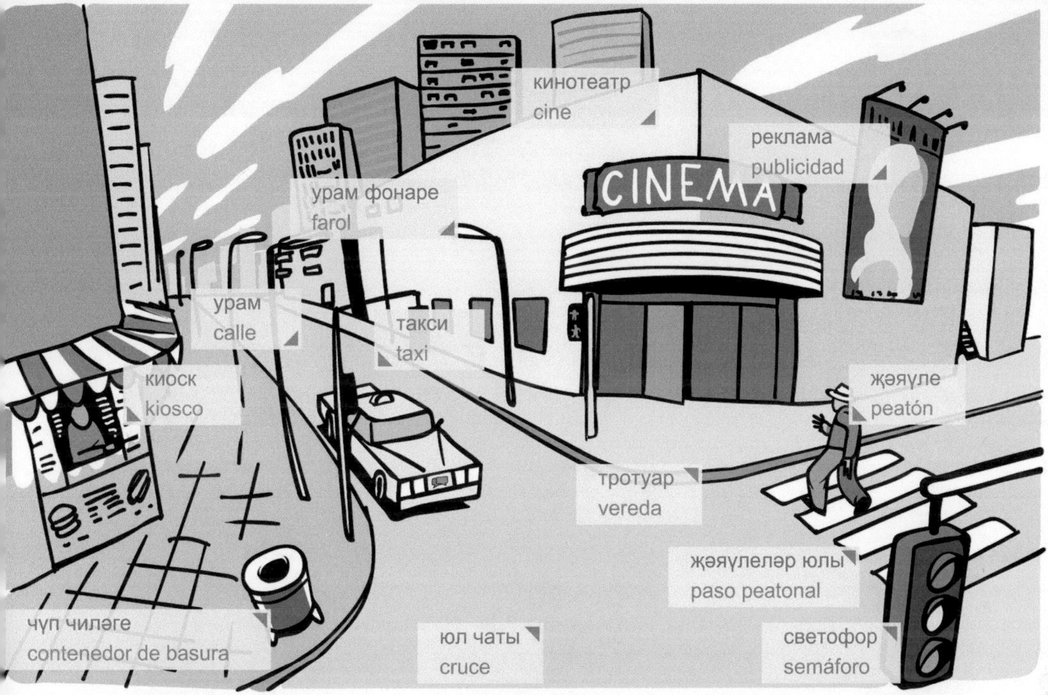

кинотеатр
cine

реклама
publicidad

урам фонаре
farol

CINEMA

урам
calle

такси
taxi

киоск
kiosco

җәяүле
peatón

тротуар
vereda

җәяүлеләр юлы
paso peatonal

чүп чиләге
contenedor de basura

юл чаты
cruce

светофор
semáforo

алачык

cabaña

фатир

departamento

вокзал

estación de tren

ратуша

municipalidad

музей

museo

мәктәп

colegio

университет

universidad

банк

banco

хастаханә

hospital

кунакханә

hotel

даруханә

farmacia

офис

oficina

китап кибете

librería

кибет

negocio

чәчәк кибете

florería

супермаркет

supermercado

базар

mercado

универмаг

grandes tiendas

балык кибете

pescadería

сәүдә үзәге

centro comercial

порт

puerto

парк

parque

эскәмия

banco

күпер

puente

баскыч

escaleras

метро

subte

тоннель

túnel

автобус тукталышы

parada del colectivo

бар

bar

ресторан

restaurante

почта тартмасы

buzón

урам исеме язылган такта

letrero

паркометр

parquímetro

зоопарк

zoológico

бассейн

pileta

мәчет

mezquita

ферма
granja

әйләнә-тирә мохитне пычрату

contaminación

зират
cementerio

чиркәү
iglesia

балалар мәйданчыгы
juegos infantiles

гыйбадәтханә
templo

ландшафт

paisaje

бит
hoja

юл күрсәткече
poste indicador

юл
camino

болын
pradera

таш
piedra

сәяхәтче
excursionista

агач
árbol

елга
río

улән
hierba

чәчәк
flor

үзән

valle

тау

montaña

күл

lago

урман

bosque

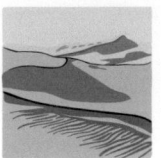

чүл

desierto

вулкан

volcán

йозак

castillo

салават күпере

arco iris

гөмбә

champiñón

пальма

palmera

черки

mosquito

чебен

mosca

кырмыска

hormiga

корт

abeja

үрмәкүч

araña

коӊгыз

escarabajo

бака

rana

тиен

ardilla

керпе

erizo

куян

liebre

ябалак

lechuza

кош

pájaro

аккош

cisne

кабан дуӊгызы

jabalí

болан

ciervo

поши

alce

буа

presa

җил генераторы

aerogenerador

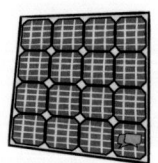

кояш батареясы

panel solar

климат

clima

ресторан

restaurante

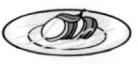

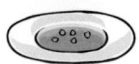

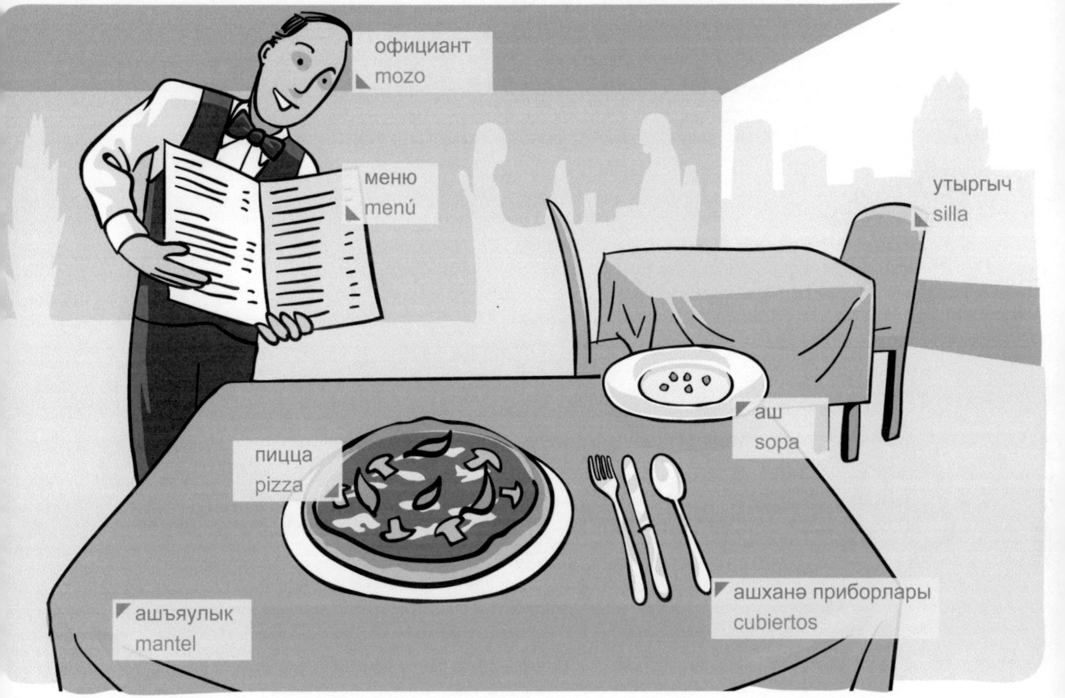

официант
mozo
меню
menú
утыргыч
silla
аш
sopa
пицца
pizza
ашъяулык
mantel
ашханә приборлары
cubiertos

кабымлык

entrada

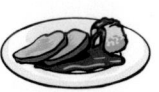

төп ашамлык

plato principal

десерт

postre

эчемлекләр

bebidas

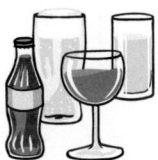

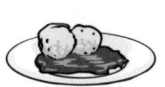

азык

comida

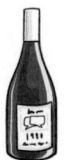

шешә

botella

фастфуд

comida rápida

урам ризыгы

comida callejera

чәйнек

tetera

шикәр савыты

azucarera

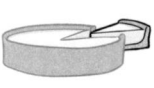

күләм

porción

кофе кайнаткыч

cafetera expreso

балалар урындыгы

sillita alta

исәпләү

cuenta

поднос

bandeja

пычак

cuchillo

чәнечке

tenedor

кашык

cuchara

чәй кашыгы

cucharita

салфетка

servilleta

стакан

vaso

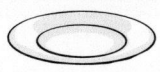

тәлинкә

plato

аш тәлинкәсе

plato hondo

чәй тәлинкәсе

plato

соус

salsa

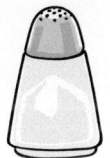

тоз савыты

salero

борыч ваклагыч

molinillo de pimienta

серкә

vinagre

сыек май

aceite

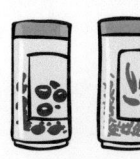

тәмләткеч

especias

кетчуп

kétchup

горчица

mostaza

майонез

mayonesa

супермаркет

supermercado

махсус тәкъдим
oferta especial
FOR
сатып алучы
cliente
сөт продуктлары
lácteos
җимешләр
fruta
кибеттәге арба
changuito

BUTCHERS

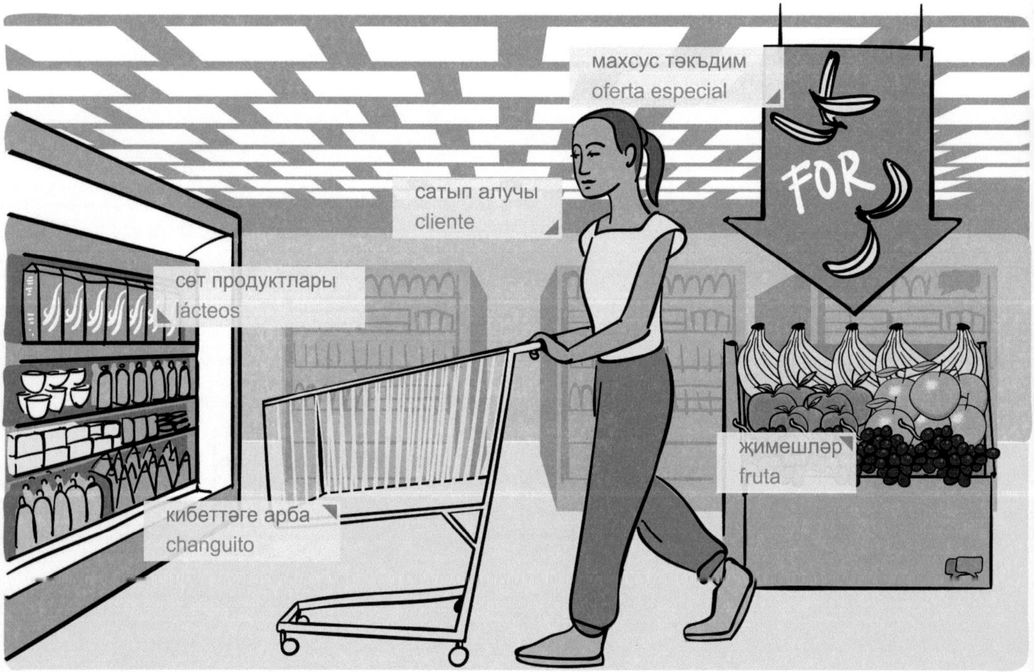

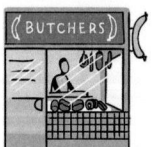

ит кибете

carnicería

BAKERY

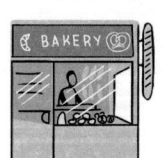

икмәк пешерү йорты

panadería

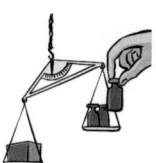

килү

pesar

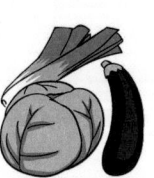

яшелчә

verduras

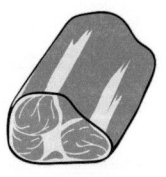

ит

carne

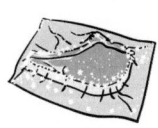

туңдырылган продуктлар

alimentos congelados

кисәкле ит

fiambres

консервалар

alimentos enlatados

кер юу порошогы

detergente en polvo

тәм-томнар

golosinas

көнкүреш җиһазлары

electrodomésticos

юу әйбере

productos de limpieza

хатын-кыз сатучы

vendedora

касса

caja

кассир

cajero

сатып алган әйберләрнең исемлеге

lista de compras

эш вакыты

horario de atención

бумажник

billetera

кредит картасы

tarjeta de crédito

букча

cartera

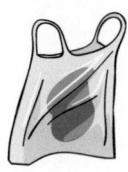

полиэтилен пакет

bolsa de plástico

су

agua

сок

jugo

сөт

leche

кока-кола

bebida cola

шәраб

vino

сыра

cerveza

хәмер

alcohol

какао

cacao

чәй

té

кофе

café

эспрессо

café expreso

капучино

cappuccino

банан

banana

алма

manzana

әфлисун

naranja

карбыз

melón

лимон

limón

кишер

zanahoria

сарымсак

ajo

бамбук

bambú

суган

cebolla

гөмбә

champiñón

чикләвекләр

nueces

токмач

fideos

спагетти

tallarines

дөге

arroz

салат

ensalada

чипсы

papas fritas

кыздырылган бәрәңге

papas fritas

пицца

pizza

гамбургер

hamburguesa

сэндвич

sándwich

котлет

churrasco

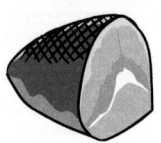

ветчина

jamón

салями

salame

сосиска

salchicha

тавык

pollo

кыздырма

asado

балык

pescado

солы кисәкләре

copos de avena

мюсли

muesli

кукуруз кисәкләре

copos de maíz

он

harina

круассан

medialuna

булка

pancito

икмәк

pan

тост

tostada

печенье

galletitas

май

manteca

эремчек

cuajada

пирог

torta

йомырка

huevo

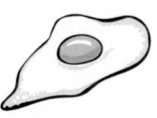

йомырка тәбәсе

huevo frito

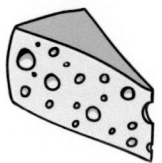

сыр

queso

туңдырма

helado

шикәр

azúcar

бал

miel

кайнатма

mermelada

шоколадлы паста

pasta de chocolate

карри

curry

ферма
granja

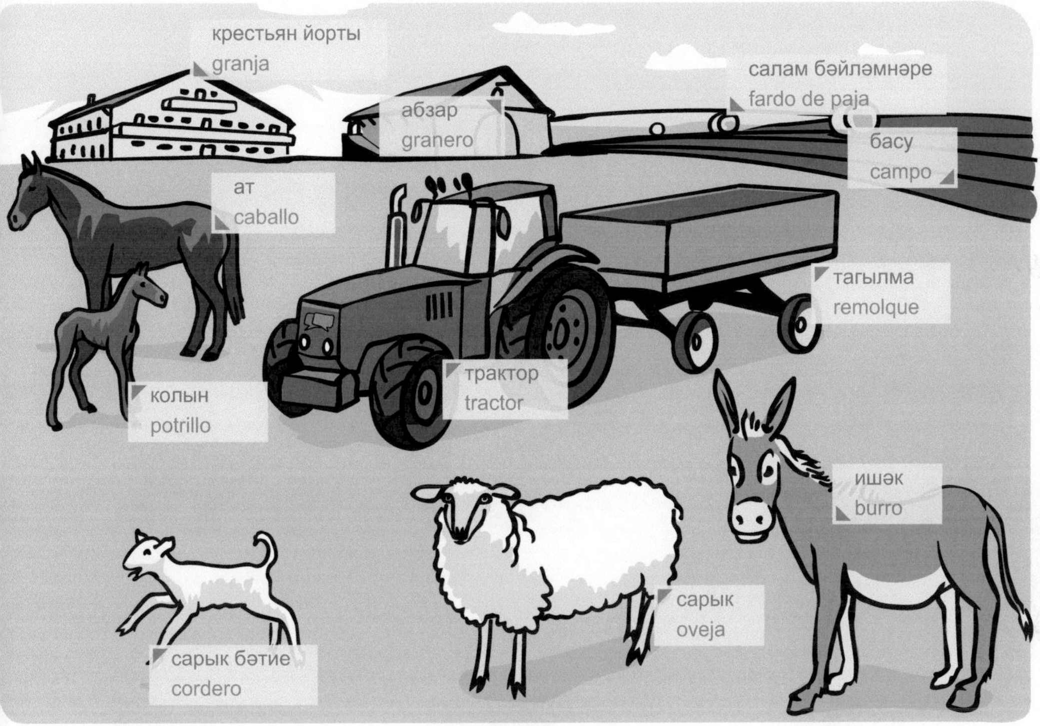

крестьян йорты
granja
салам бәйләмнәре
fardo de paja
абзар
granero
басу
campo
ат
caballo
тагылма
remolque
трактор
tractor
колын
potrillo
ишәк
burro
сарык
oveja
сарык бәтие
cordero

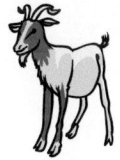

кәҗә

cabra

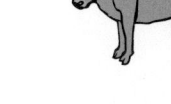

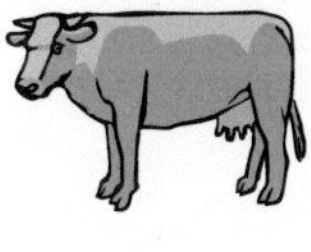

сыер

vaca

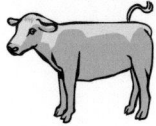

бозау

ternero

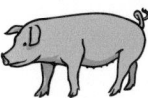

дуңгыз

cerdo

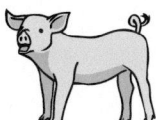

дуңгыз баласы

lechón

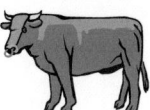

үгез

toro

каз

ganso

үрдәк

pato

чеби

pollo

тавык

gallina

әтәч

gallo

күсе

rata

песи

gato

тычкан

ratón

эш үгезе

buey

эт

perro

эт оясы

cucha

бакча шлангысы

manguera

сусипкеч

regadera

чалгы

guadaña

сабан

arado

урак

hoz

китмән

azada

тирес сәнәге

horquilla

балта

hacha

кул арбасы

carretilla

тагарак

abrevadero

сөт өчен бидон

lechera

капчык

bolsa

койма

reja

абзар

establo

теплица

invernadero

туфрак

suelo

чәчү

semilla

ашлама

fertilizador

комбайн

cosechadora

уңыш җыю

cosechar

уңыш

cosecha

ямса

batatas

бодай

trigo

соя

soja

бәрәңге

papa

кукуруз

maíz

рапс

semilla de colza

җимеш агачы

árbol frutal

маниок

mandioca

иген

cereales

йорт

casa

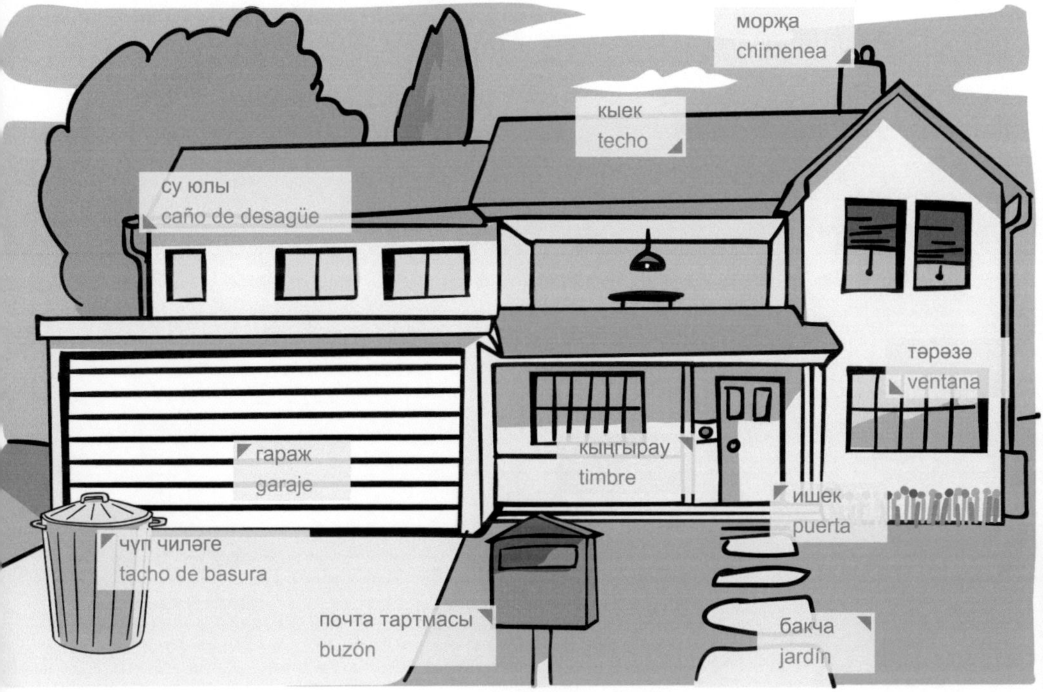

моржа
chimenea
кыек
techo
су юлы
caño de desagüe
тәрәзә
ventana
гараж
garaje
кыңгырау
timbre
ишек
puerta
чүп чиләге
tacho de basura
почта тартмасы
buzón
бакча
jardín

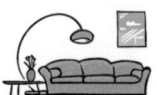

кунак бүлмәсе

living

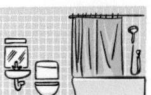

ванна бүлмәсе

baño

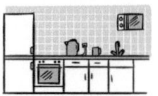

аш бүлмәсе

cocina

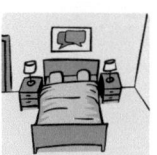

йокы бүлмәсе

dormitorio

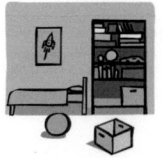

балалар бүлмәсе

cuarto de los chicos

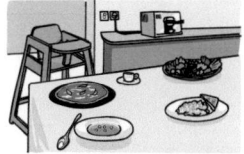

ашханә

comedor

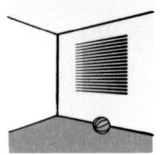

идэн

piso

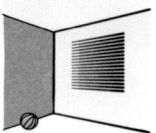

дивар

pared

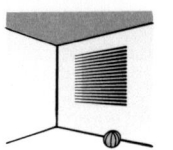

түшәм

cielorraso

баз

sótano

сауна

sauna

балкон

balcón

терраса

terraza

бассейн

pileta

газон чапкыч

cortadora de pasto

юрган аслыгы

sábana

япма

acolchado

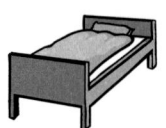

карават

cama

себерке

escoba

чиләк

balde

сүндергеч

interruptor

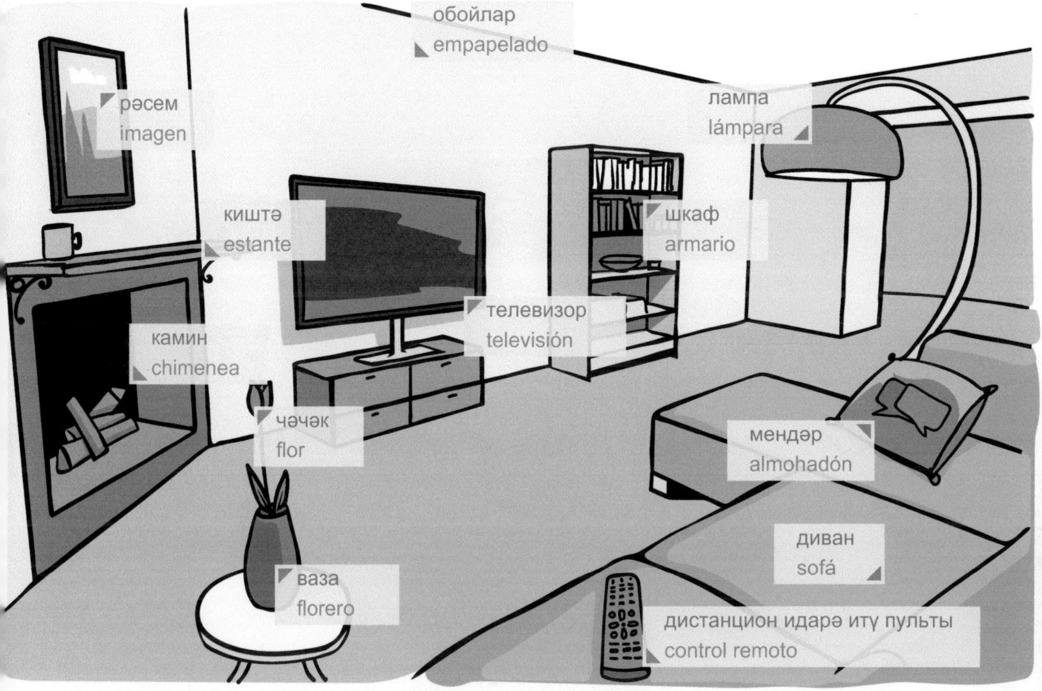

обойлар
empapelado

рәсем
imagen

лампа
lámpara

киштә
estante

шкаф
armario

камин
chimenea

телевизор
televisión

чәчәк
flor

мендәр
almohadón

диван
sofá

ваза
florero

дистанцион идарә итү пульты
control remoto

келәм

alfombra

пәрдә

cortina

өстәл

mesa

утыргыч

silla

тибрәткеч кәнәфи

mecedora

кәнәфи

sillón

китап

libro

япма

frazada

бизәк

decoración

утын

leña

фильм

película

стереосистема

equipo de música

ачкыч

llave

газета

diario

картина

pintura

плакат

póster

радио

radio

блокнот

cuaderno

тузан суыргыч

aspiradora

кактус

cactus

шәм

vela

аш бүлмәсе
cocina

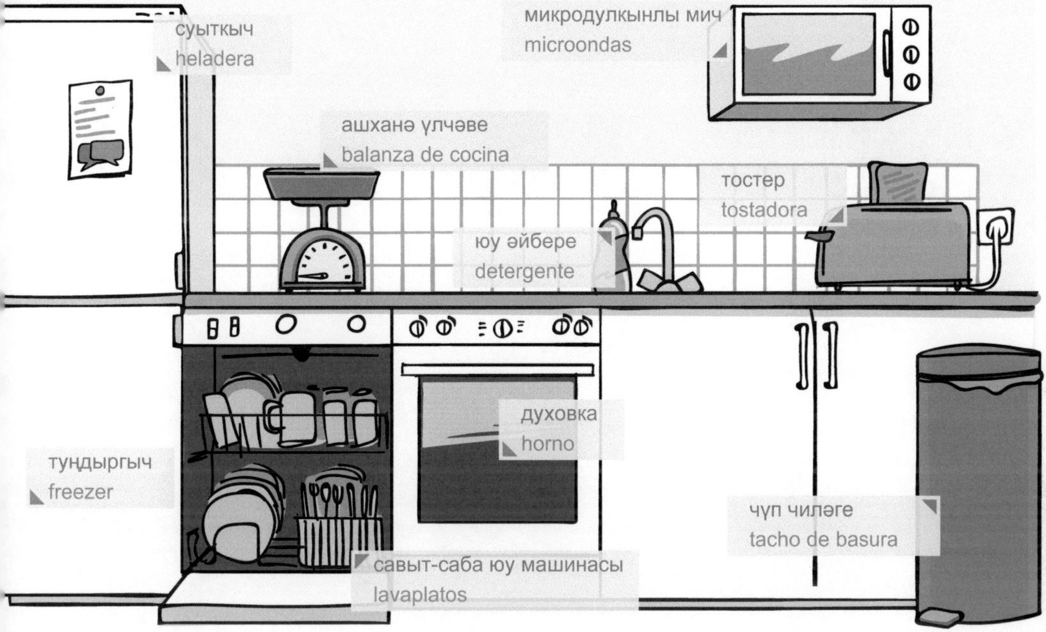

суыткыч
heladera
микродулкынлы мич
microondas
ашханә үлчәве
balanza de cocina
тостер
tostadora
юу әйбере
detergente
духовка
horno
туңдыргыч
freezer
чүп чиләге
tacho de basura
савыт-саба юу машинасы
lavaplatos

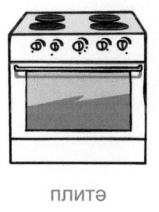

плитә

cocina

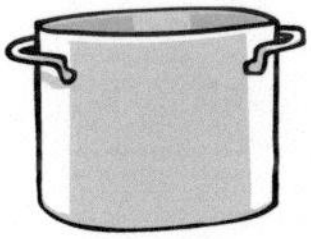

кәстрүл

olla

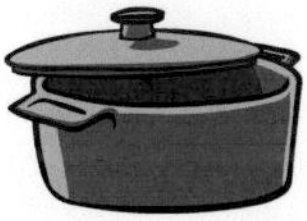

чуен казан

olla de hierro fundido

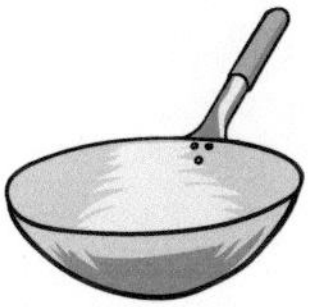

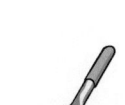

вок / казан

wok

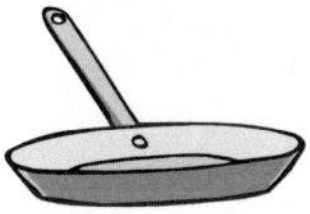

таба

sartén

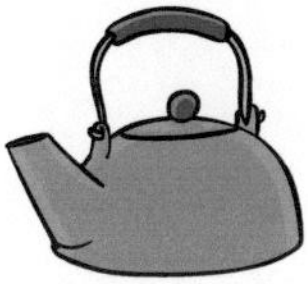

чәйнек

pava

парда пешергеч

vaporera

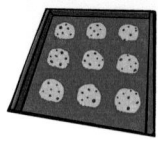

калай таба

bandeja de horno

савыт-саба

vajilla

кружка

taza

җамаяк

bol

таякчык

palitos

аш чүмече

cucharón

лопатка

estpátula

туглауыч

batidora

иләк

colador

иләк

colador

кыргыч

rallador

төйгеч

mortero

гриль

parrilla

учак

fogata

аш бүлмәсе - cocina

такта

tabla de picar

уклау

palo de amasar

бөке суыргыч

sacacorchos

калай банк

lata

консерв ачу өчен пычак

abrelatas

элэктергеч

manopla

раковина

pileta

щётка

cepillo

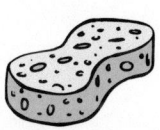

губка

esponja

миксер

batidora

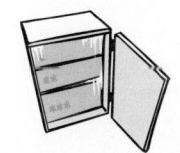

туңдыру камерасы

congelador

ашату өчен шешә

mamadera

кран

canilla

ванна бүлмәсе

baño

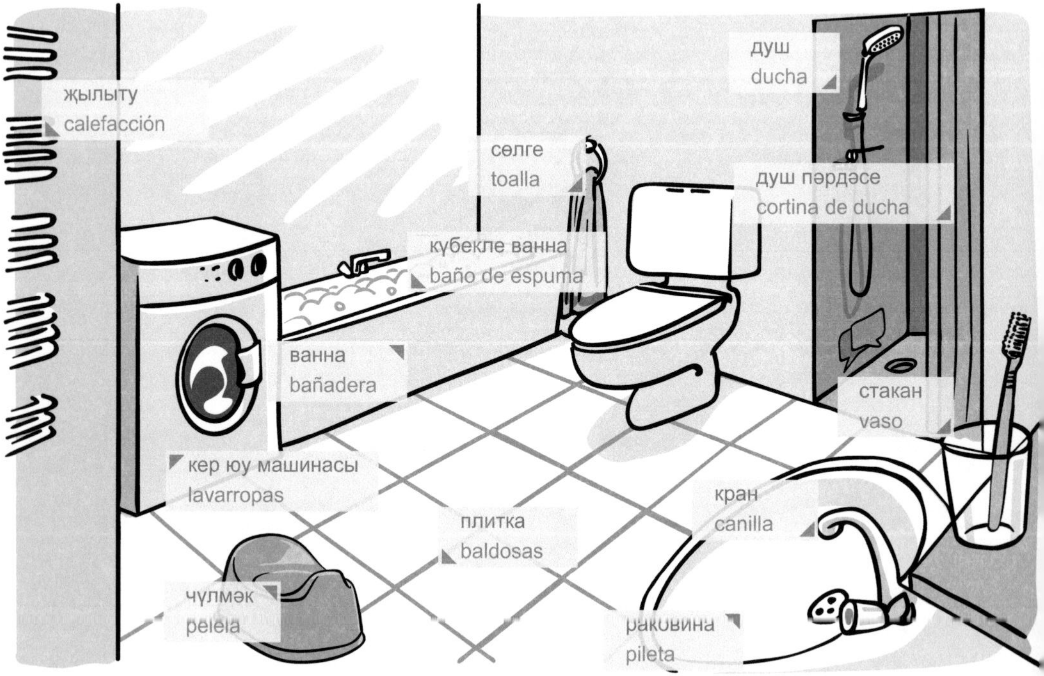

душ
ducha
җылыту
calefacción
сөлге
toalla
душ пәрдәсе
cortina de ducha
күбекле ванна
baño de espuma
ванна
bañadera
стакан
vaso
кер юу машинасы
lavarropas
кран
canilla
плитка
baldosas
чүлмәк
pelela
раковина
pileta

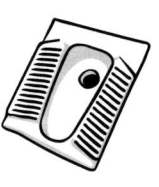

бәдрәф

inodoro

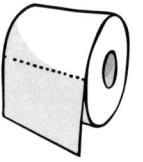

унитаз

letrina

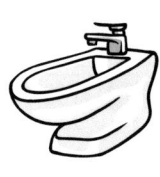

биде

bidé

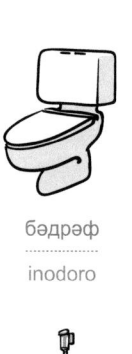

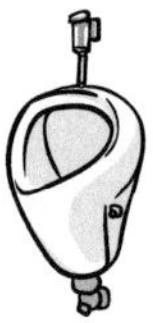

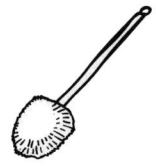

писсуар

mingitorio

бәдрәф кәгазе

papel higiénico

керпе кебек чистарткыч

cepillo para el inodoro

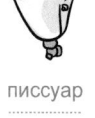

теш щеткасы

cepillo de dientes

теш пастасы

dentífrico

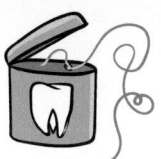

теш жебе

hilo dental

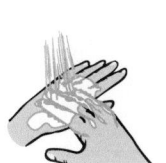

юу

lavar

кул душы

ducha de mano

душ

ducha higiénica

оча сөяге

palangana

аврка өчен щетка

cepillo para espalda

сабын

jabón

душ өчен гель

gel de ducha

шампунь

shampoo

мунчала

toallita

агым

desagüe

крем

crema

дезодорант

desodorante

көзге

espejo

кул көзгесе

espejito

пәке

maquinita de afeitar

кырыну өчен күбек

espuma de afeitar

Кырынаганнан соң
кулланыла торган лосьон

aftershave

тарак

peine

щётка

cepillo

фен

secador de pelo

чәчләр лагы

spray

косметика

maquillaje

ирен буявы

lápiz de labios

тырнаклар лагы

esmalte para uñas

мамык

algodón

маникюр кайчысы

tijera para uñas

хушбуй

perfume

косметика савыты
portacosméticos

урындык
banqueta

үлчәү
balanza

халат
bata

резин перчаткалар
guantes de goma

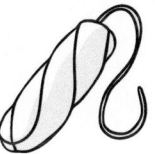

тампон
tampón

гигиена жәймәсе
toallita femenina

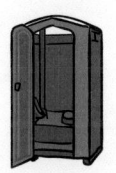

биотуалет
baño químico

балалар бүлмәсе
cuarto de los chicos

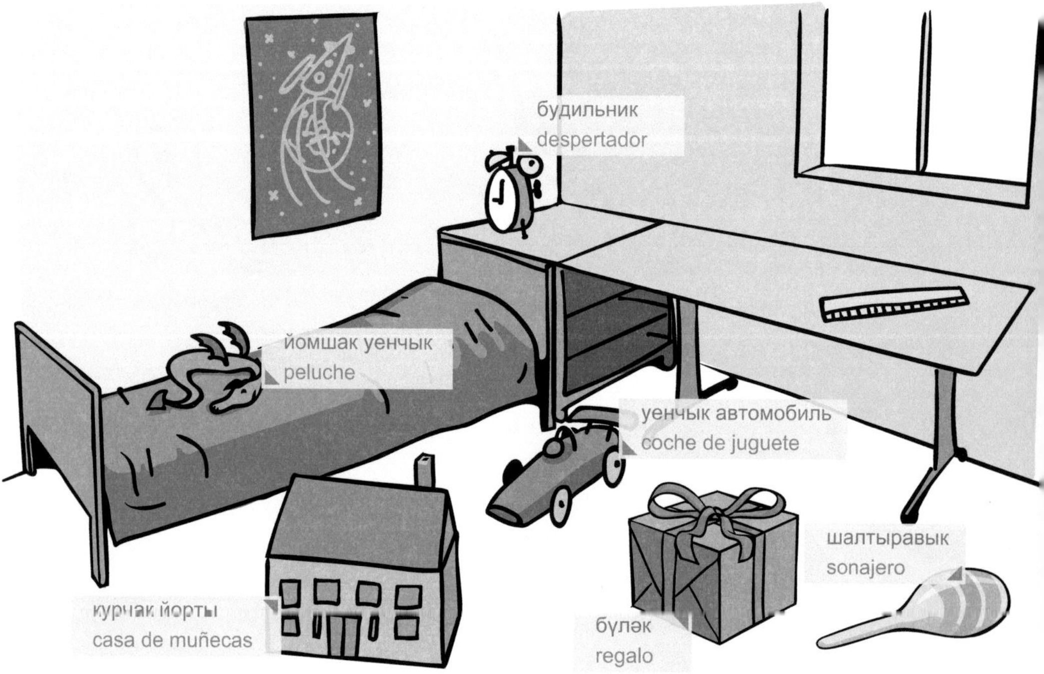

будильник
despertador
йомшак уенчык
peluche
уенчык автомобиль
coche de juguete
шалтыравык
sonajero
курчак йорты
casa de muñecas
бүләк
regalo

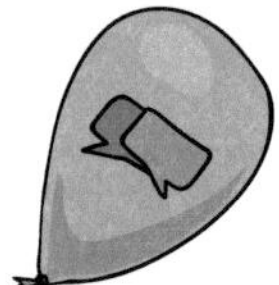

һава шары

globo

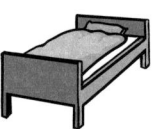

карават

cama

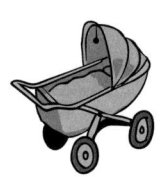

балалар коляскасы

cochecito

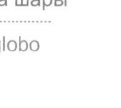

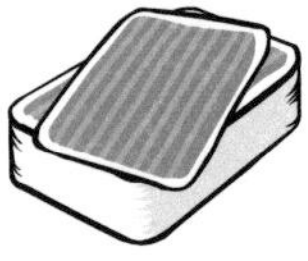

кәрт уены

cartas

пазл

rompecabezas

SUPER MEGA

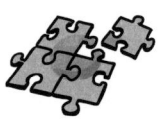

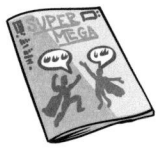

комикс

historieta

Лего кирпечекләре

piezas de lego

шакмак

ladrillos de juguete

уенчык

figura de acción

ползунки

enterito (de bebé)

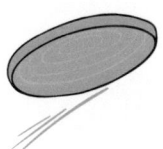

фрисби

frisbee

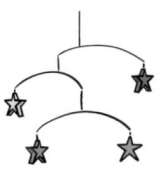

мобиль

móvil para bebés

өстәл уены

juego de mesa

шакмак

dados

тимер юл моделе

tren eléctrico

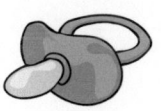

имезлек

chupete

кичә

fiesta

рәсемнәр белән бизәлгән китап

libro de cuentos ilustrado

туп

pelota

курчак

muñeca

уйнау

jugar

комлык
arenero

таган
hamaca

уенчык
juguetes

уен приставкасы
consola de videojuegos

өч көпчәкле велосипед
triciclo

плюш аю
osito de peluche

кием-салым шкафы
armario

оекбаш
medias

оек
medias panty

колготки
calzas

шарф
bufanda

зонт
paraguas

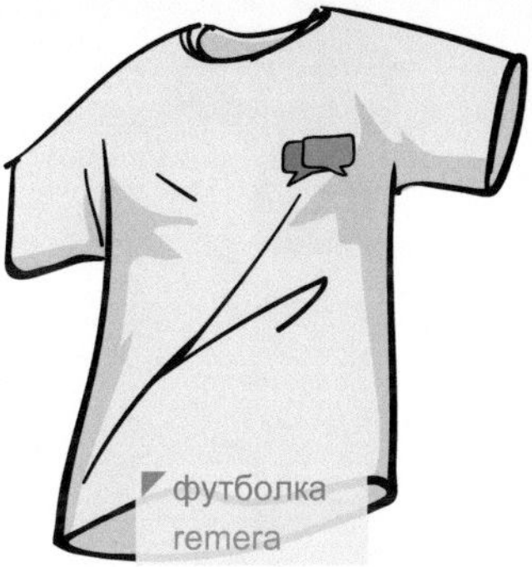

футболка
remera

каеш
cinturón

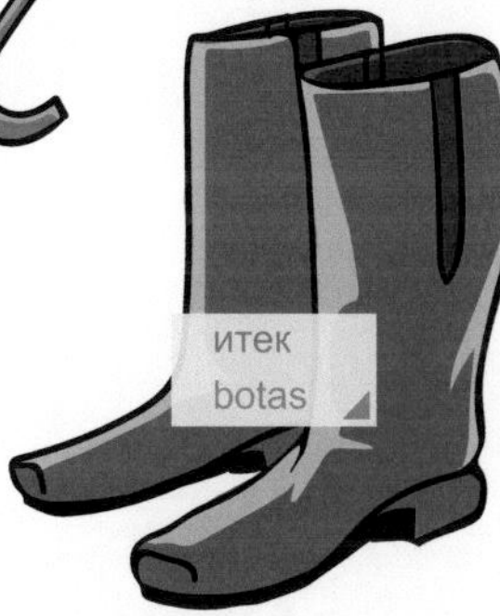

итек
botas

тапки
pantuflas

кроссовки
zapatillas

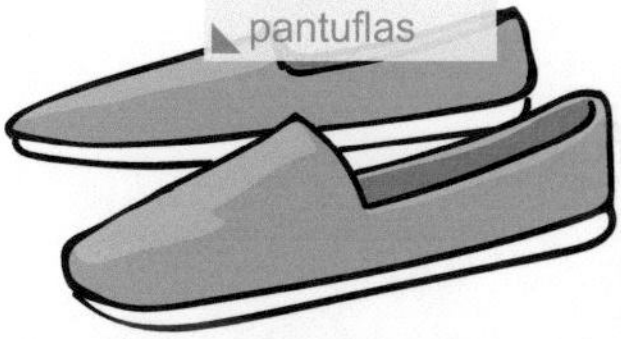

сандаллар
································
sandalias

ботинкалар
································
zapatos

резин итекләр
································
botas de goma

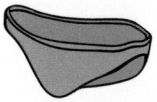

трусик
································
ropa interior

бюстгальтер
································
corpiño

майка
································
chaleco

боди

body

чалбар

pantalones

джинсы

jeans

итәк

pollera

блузка

blusa

күлмәк

camisa

свитер

pulóver

свитер

buzo

спорт курткасы

blazer

жакет

campera

пәлтә

tapado

плащ

piloto

костюм

traje

күлмәк

vestido

туй күлмәге

vestido de novia

ирләр костюмы

traje

төнге эчке күлмәк

camisón

пижама

pijama

сари

sari

яулык

pañuelo para cabeza

чалма

turbante

пәрәнҗә

burka

кафтан

caftán

абайя

abaya

коену костюмы

traje de baño

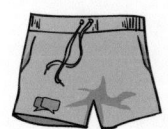

плавки

short de baño

шорт

shorts

спорт костюмы

jogging

алъяпкыч

delantal

перчаткалар

guantes

төймә

botón

күзлек

anteojos

беләзек

pulsera

чылбыр

collar

балдак

anillo

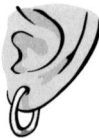

алка

aro

бүрек

gorra

элгеч

percha

эшләпә

sombrero

галстук

corbata

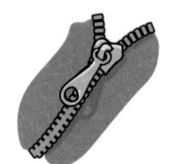

молния каптырмасы

cierre

каска

casco

подтяжка

tiradores

мәктәп формасы

uniforme escolar

форма

uniforme

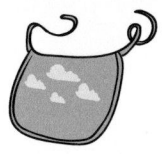

балалар күкрәкчәсе

babero

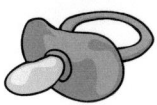

имезлек

chupete

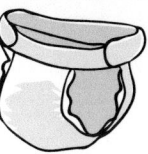

подгузник

pañal

офис

oficina

сервер
servidor
канцелярия шкафы
archivero
принтер
impresora
кәгазь
papel
монитор
monitor
мышка
mouse
язу өстәле
escritorio
папка
carpeta
клавиатура
teclado
кәгазь өчен кәрҗин
tacho (de basura)
компьютер
computadora
утыргыч
silla

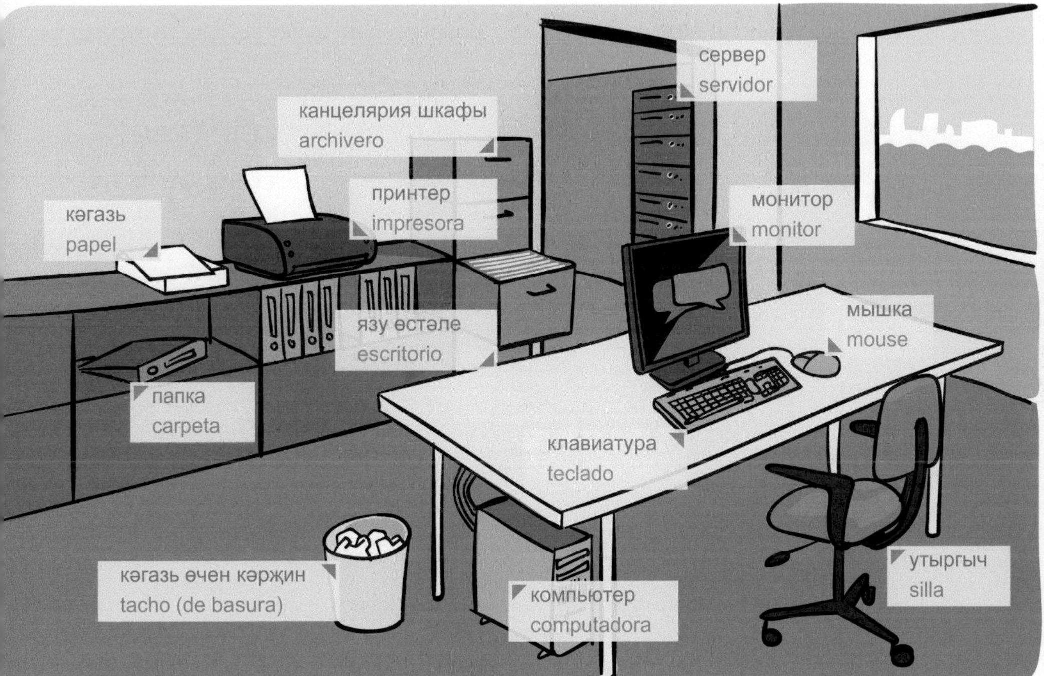

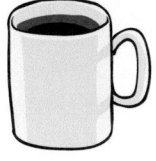

кофе кружкасы

taza de café

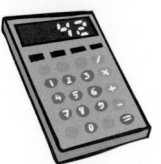

калькулятор

calculadora

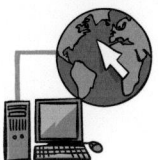

интернет

internet

ноутбук

laptop

хат

carta

хәбәр

mensaje

кесә телефоны

celular

челтәр

red

ксерокс

fotocopiadora

программа

software

телефон

teléfono

розетка

tomacorriente

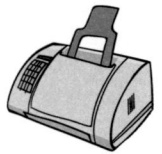

факс

fax

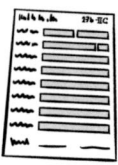

формуляр

formulario

документ

documento

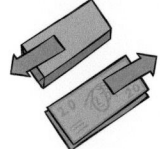

сатып алу

comprar

түләү

pagar

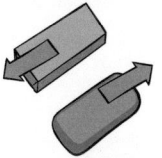

сәүдә

hacer negocios

акча

dinero

доллар

dólar

евро

euro

иена

yen

сум

rublo

франк

franco suizo

жэньминьби юань

yuan

рупия

rupia

банкомат

cajero automático

валюта алмаштыру пункты

casa de cambio

алтын

oro

көмеш

plata

җир мае

petróleo

энергия

energía

бәя

precio

килешү

contrato

салым

impuesto

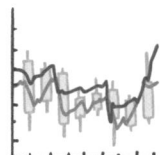

акция

acción

эш

trabajar

эшче

empleado

эш бирүче

empleador

фабрика

fábrica

кибет

negocio

профессияләр
ocupaciones

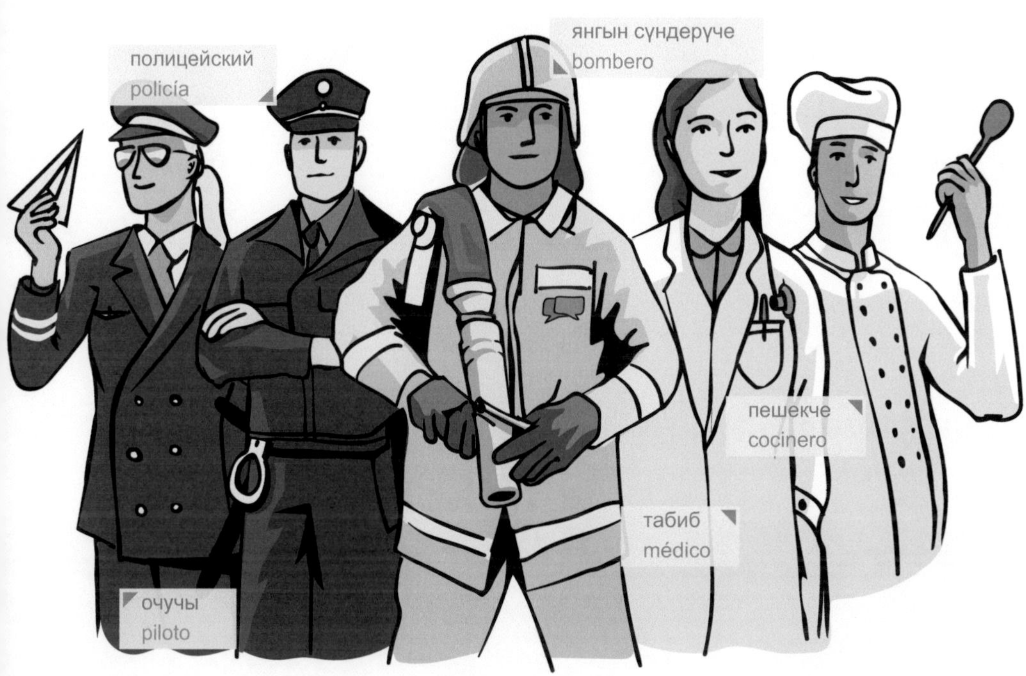
полицейский
policía
янгын сүндерүче
bombero
пешекче
cocinero
табиб
médico
очучы
piloto

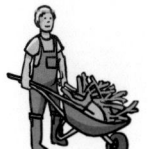

бакчачы

jardinero

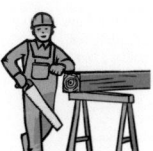

агач остасы

carpintero

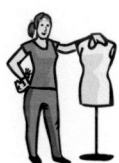

тегүче

modista

хаким

juez

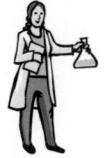

химик

farmacéutico

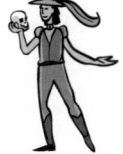

актер

actor

автобус йөртүче

colectivero

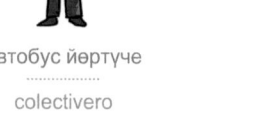

таксист

taxista

балыкчы

pescador

җыештыручы хатын

mucama

түбә ябучы

techista

официант

mozo

аучы

cazador

рәссам

pintor

пешекче

panadero

электрик

electricista

төзүче

albañil

инженер

ingeniero

итче

carnicero

сантехник

plomero

хат ташучы

cartero

солдат

soldado

архитектор

arquitecto

кассир

cajero

чәчәкче

florista

парикмахер

peluquero

кондуктор

cobrador

механик

mecánico

капитан

capitán

теш табибы

dentista

галим

científico

раввин

rabino

имам

imán

монах

monje

рухани

sacerdote

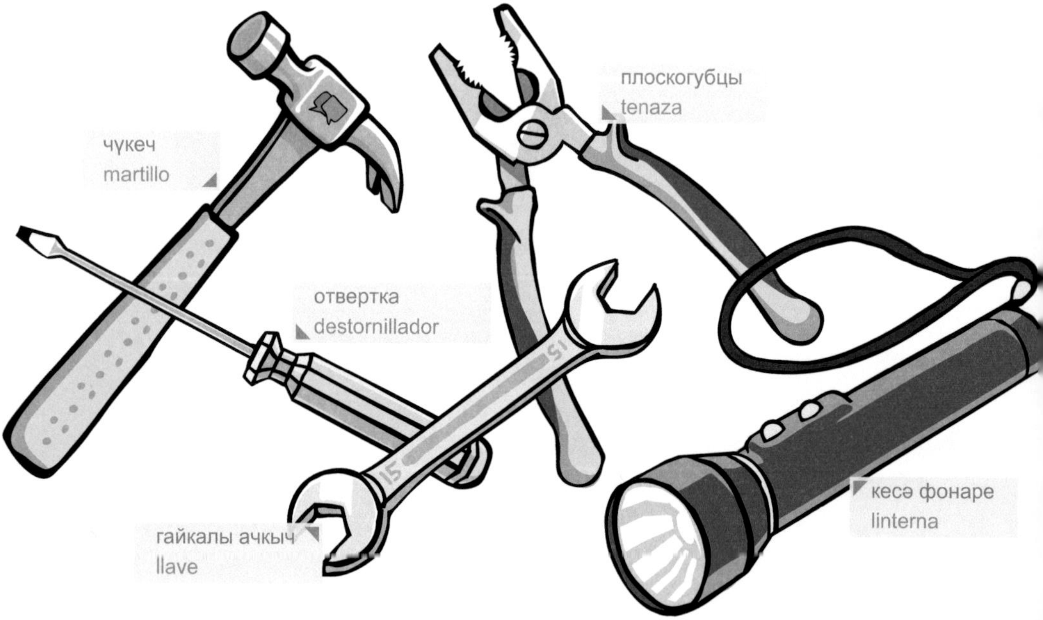

чүкеч
martillo

плоскогубцы
tenaza

отвертка
destornillador

кесә фонаре
linterna

гайкалы ачкыч
llave

экскаватор
excavadora

инструментлар өчен
тартма
caja de herramientas

баскыч
escalera portátil

пычкы
sierra

кадаклар
clavos

дрель
taladro

төзәтү

arreglar

көрәк

pala de jardín

Шайтан алгыры!

¡Qué bronca!

соскы

pala de plástico

савытлы буяу

tacho de pintura

винтлар

tornillos

музыкаль инструментлар
instrumentos musicales

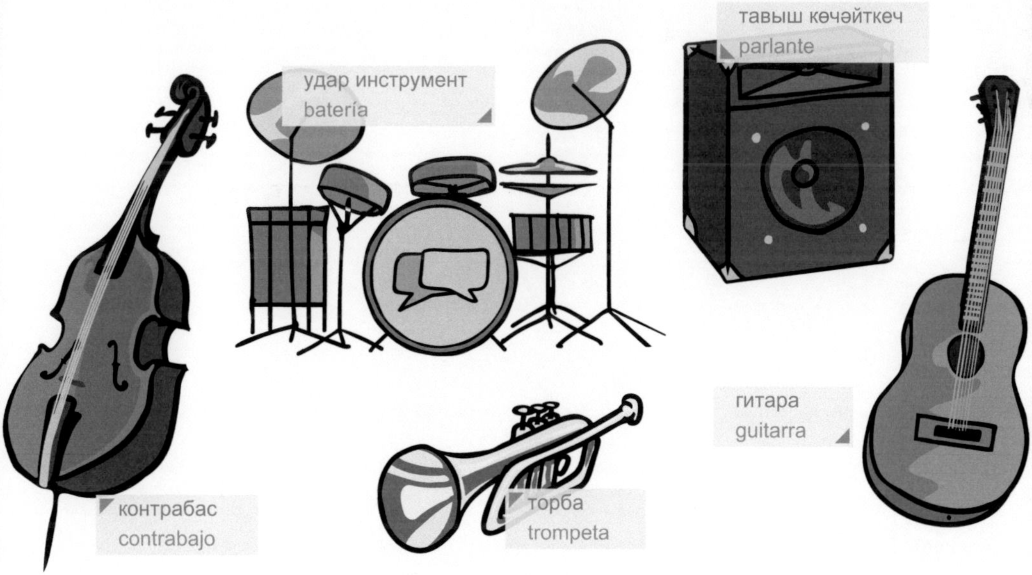

тавыш көчәйткеч
parlante

удар инструмент
batería

гитара
guitarra

контрабас
contrabajo

торба
trompeta

пианино

piano

скрипка

violín

бас-гитара

bajo

литавра

timbales

барабан

tambor

синтезатор

teclado

саксофон

saxofón

флейта

flauta

микрофон

micrófono

зоопарк

zoológico

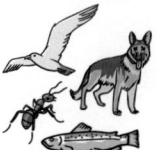

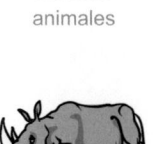

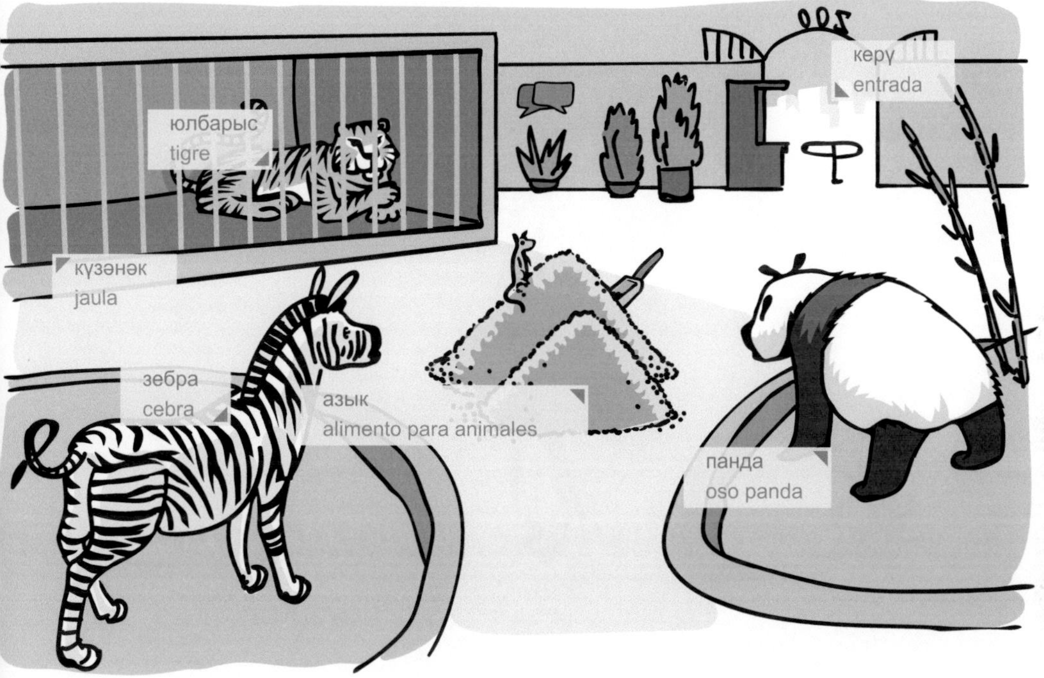

керү
entrada
юлбарыс
tigre
күзәнәк
jaula
зебра
cebra
азык
alimento para animales
панда
oso panda

хайваннар

animales

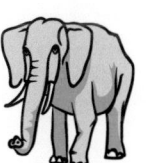

фил

elefante

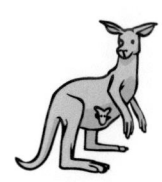

көнгерә

canguro

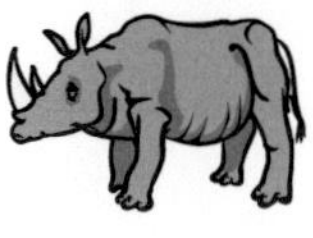

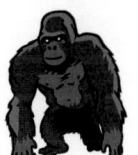

мөгезборын

rinoceronte

горилла

gorila

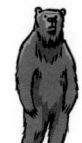

аю

oso

дөя

camello

тәвә кошы

avestruz

арыслан

león

маймыл

mono

фламинго

flamenco

тутый кош

loro

ак аю

oso polar

пингвин

pingüino

акула

tiburón

тавис

pavo real

елан

serpiente

крокодил

cocodrilo

зоопарк хезмәткәре

cuidador del zoológico

тюлень

foca

ягуар

jaguar

пони

poni

каплан

leopardo

су үгезе

hipopótamo

жираф

jirafa

бөркет

águila

кабан дуңгызы

jabalí

балык

pescado

ташбака

tortuga

морж

morsa

төлке

zorro

газәл

gacela

америка футболы
fútbol americano

велосипедта йөрү
ciclismo

теннис
tenis

баскетбол
básquet

йөзү
natación

бөкс
boxeo

хоккей
hockey sobre hielo

футбол
fútbol

бадминтон
bádminton

җиңел атлетика
atletismo

гандбол
handball

чаңгы спорты
esquí

поло
polo

сикерү
saltar

кочаклау
abrazar

көлү
reír

бару
caminar

җырлау
cantar

хыяллану
soñar

гыйбадәт кылу
rezar

үбү
besar

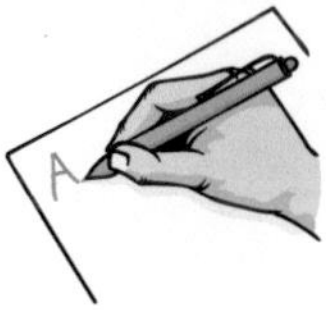

язу
escribir

рәсем ясау
dibujar

күрсәтү
mostrar

басу
presionar

бирү
dar

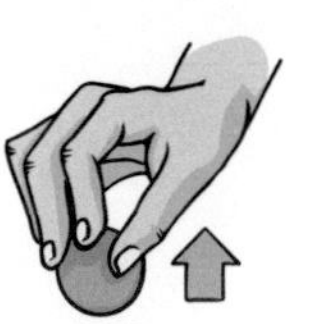

алу
tomar

үзеңдә булдыру

tener

эшләү

hacer

булу

ser

басып тору

estar parado

йөгерү

correr

тарту

tirar

ташлау

tirar

егылу

caer

яту

estar acostado

көтү

esperar

йөртү

llevar

утыру

estar sentado

кию

vestirse

йоклау

dormir

уяну

despertar

карау

mirar

елау

llorar

үтекләү

acariciar

тарау

peinar

әйтү

hablar

аңлау

entender

сорау

preguntar

тыңлау

escuchar

эчү

beber

ашау

comer

тәртипкә китерү

ordenar

сөю

amar

әзерләү

cocinar

машинада бару

manejar

очу

volar

хәрәкәт - actividades

Җилкәндә йөрү

navegar

исәпләү

calcular

уку

leer

уку

aprender

эш

trabajar

никахлашу

casarse

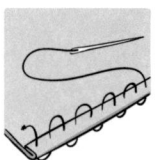

тегү

coser

тешләрне чистарту

cepillarse los dientes

үтерү

matar

тәмәке тарту

fumar

җибәрү

enviar

эби
abuela

бабай
abuelo

эти
padre

эни
madre

сабый
bebé

кыз
hija

ул
hijo

кунак

invitado

түти

tía

абый

tío

кардәш

hermano

апа

hermana

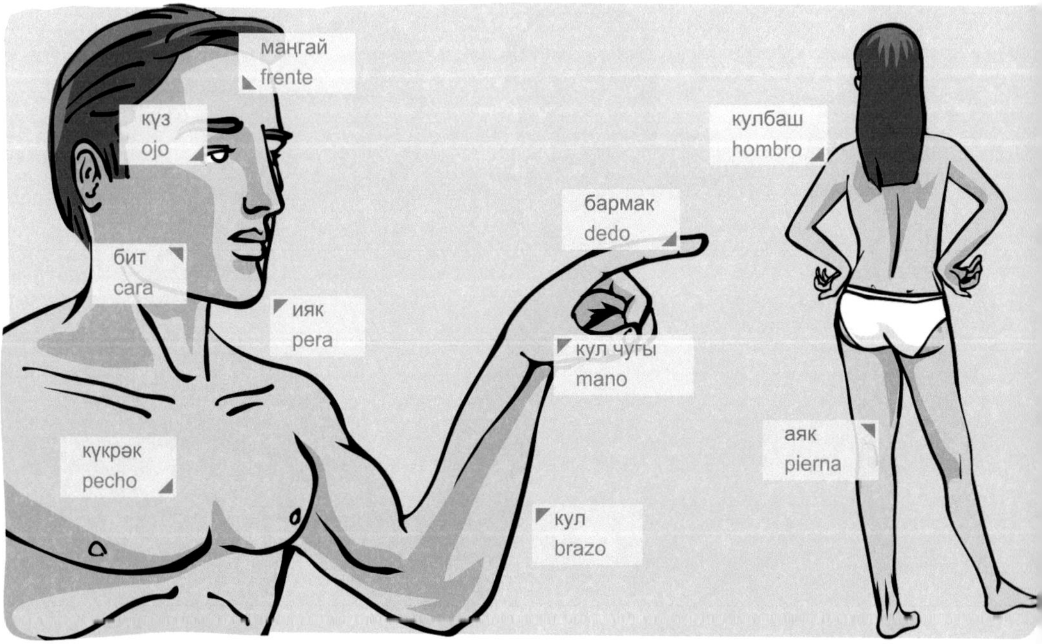

маңгай
frente

күз
ojo

кулбаш
hombro

бармак
dedo

бит
cara

ияк
pera

кул чугы
mano

аяк
pierna

күкрәк
pecho

кул
brazo

сабый

bebé

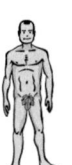

ир

hombre

аяк / хатын

хатын

mujer

кыз

nena

малай

nene

баш

cabeza

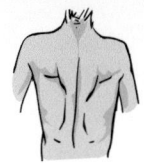

арка

espalda

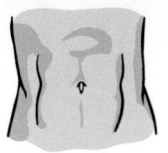

эч

panza

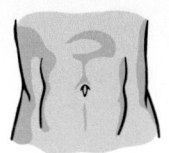

кендек

ombligo

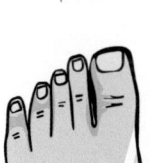

аяк бармагы

dedo del pie

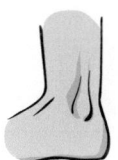

үкчэ

talón

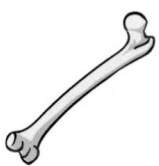

сөяк

hueso

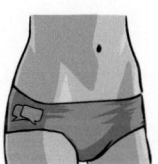

бот

cadera

тез

rodilla

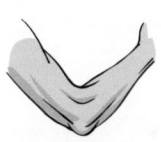

терсәк

codo

борын

nariz

арт сан

cola

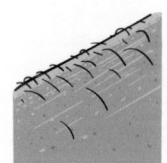

тире

piel

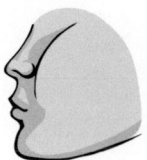

яңак

cachete

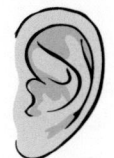

колак

oreja

ирен

labio

тән - cuerpo

авыз

boca

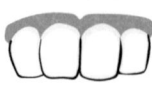

теш

diente

тел

lengua

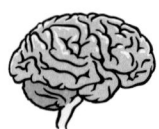

ми

cerebro

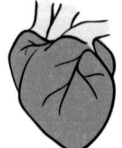

йөрәк

corazón

мускул

músculo

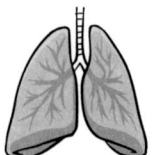

үпкәләр

pulmón

бавыр

hígado

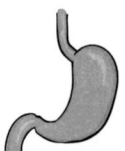

ашказан

estómago

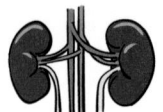

бөөрләр

riñones

җенси акт

sexo

презерватив

preservativo

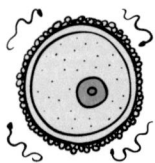

күкәйлек

óvulo

сперма

semen

көмәнлек

embarazo

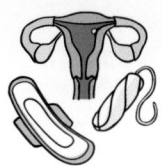

күрем

menstruación

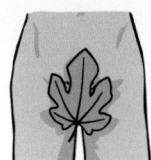

вагина

vagina

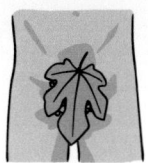

пенис

pene

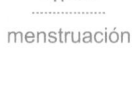

каш

ceja

чәчләр

pelo

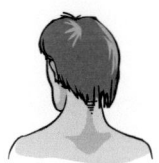

муен

cuello

хастаханә

hospital

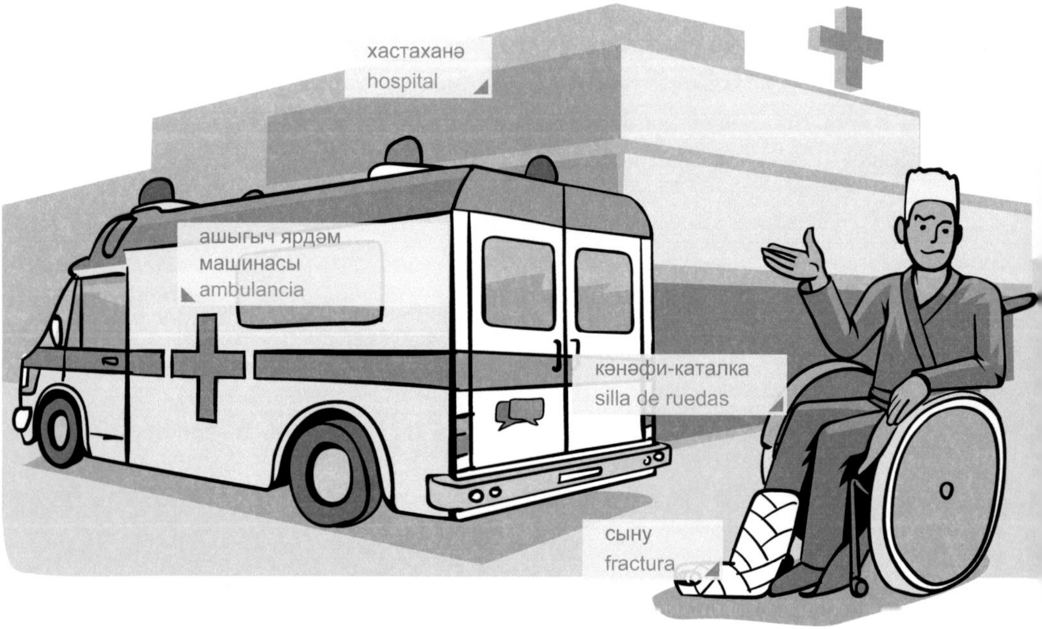

хастаханә
hospital
ашыгыч ярдәм
машинасы
ambulancia
кәнәфи-каталка
silla de ruedas
сыну
fractura

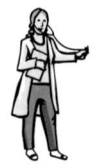

табиб

médico

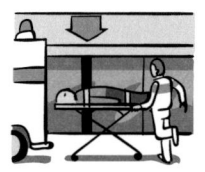

беренче ярдәм пункты

sala de guardia

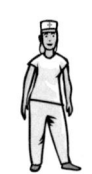

шәфкать туташы

enfermera

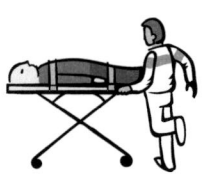

кичектергесез хәл

emergencia

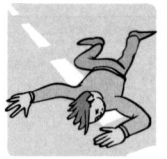

аңсыз

inconsciente

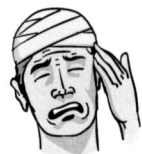

авырту

dolor

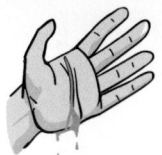

зыян килү

lesión

кан агу

hemorragia

инфаркт

infarto

инсульт

ACV

аллергия

alergia

ютәл

tos

югары температура

fiebre

грипп

gripe

эч киту

diarrea

баш авырту

dolor de cabeza

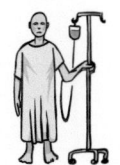

кысла

cáncer

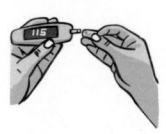

диабет

diabetes

хирург

cirujano

скальпель

bisturí

операция

operación

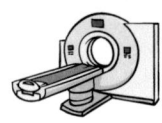

КТ
TC

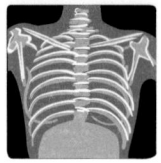

рентген
rayos x

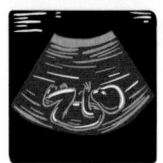

ультратавыш
ecografía

битлек
barbijo

авыру
enfermedad

кабул итү бүлмәсе
sala de espera

култык таягы
muleta

пластырь
curita

бинт
venda

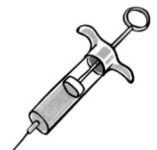

укол кадау
inyección

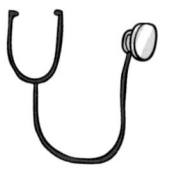

стетоскоп
estetoscopio

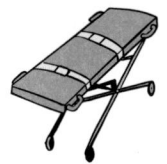

носилки
camilla

термометр
termómetro

туу
nacimiento

артык авырлык
sobrepeso

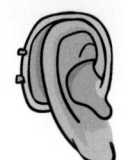

колак аппараты

audífono

йогышсызландыру чарасы

desinfectante

инфекция

infección

вирус

virus

ВИЧ / СПИД

VIH / SIDA

дару

remedio

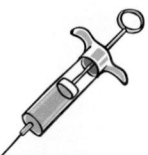

прививка

vacunación

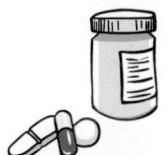

таблеткалар

comprimidos

балага узмас өчен
таблетка

pastilla anticonceptiva

ашыгыч чакыру

llamada de emergencia

кан басымын үлчәү өчен
прибор

tensiómetro

авыру / сәламәт

enfermo / sano

тревога сигналы

alarma

һөҗүм итү

agresión

Ярдәм итегез!

¡Ayuda!

һөҗүм

ataque

куркыныч

peligro

запас чыгу урыны

salida de emergencia

Янгын!

¡Fuego!

ут сүндергеч

matafuego

каза

accidente

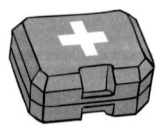

даруханә

botiquín de primeros
auxilios

SOS

SOS

полиция

policía

Европа

Europa

Төньяк Америка

América del Norte

Көньяк Америка

América del Sur

Африка

África

Азия

Asia

Австралия

Australia

Атлантик океан

Atlántico

Тын океан

Pacífico

Һинд океаны

Océano Índico

Антарктик океан

Océano Antártico

Төньяк Боз океаны

Océano Ártico

Төньяк полюс

polo norte

Көньяк полюс

polo sur

Антарктика

Antártida

җир

Tierra

коры җир

tierra

диңгез

mar

утрау

isla

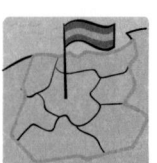

милләт

nación

дәүләт

estado

сәгать циферблаты

esfera

сәгать угы

manecilla de las horas

минут угы

minutero

секунд угы

segundero

Әле сәгать ничә?

¿Qué hora es?

көн

día

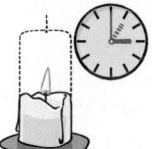

вакыт

hora

хәзер

ahora

электрон сәгать

reloj digital

минут

minuto

сәгать

hora

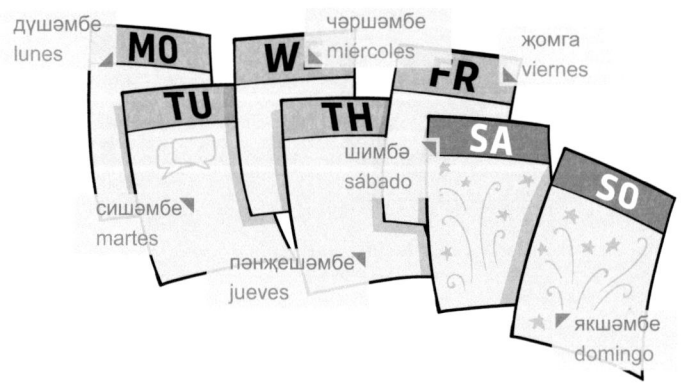

дүшәмбе / lunes
сишәмбе / martes
чәршәмбе / miércoles
пәнҗешәмбе / jueves
җомга / viernes
шимбә / sábado
якшәмбе / domingo

кичә

ayer

бүген

hoy

иртәгә

mañana

иртә

mañana

төш

mediodía

кич

tarde

эш көннәре

días hábiles

ял көннәре

fin de semana

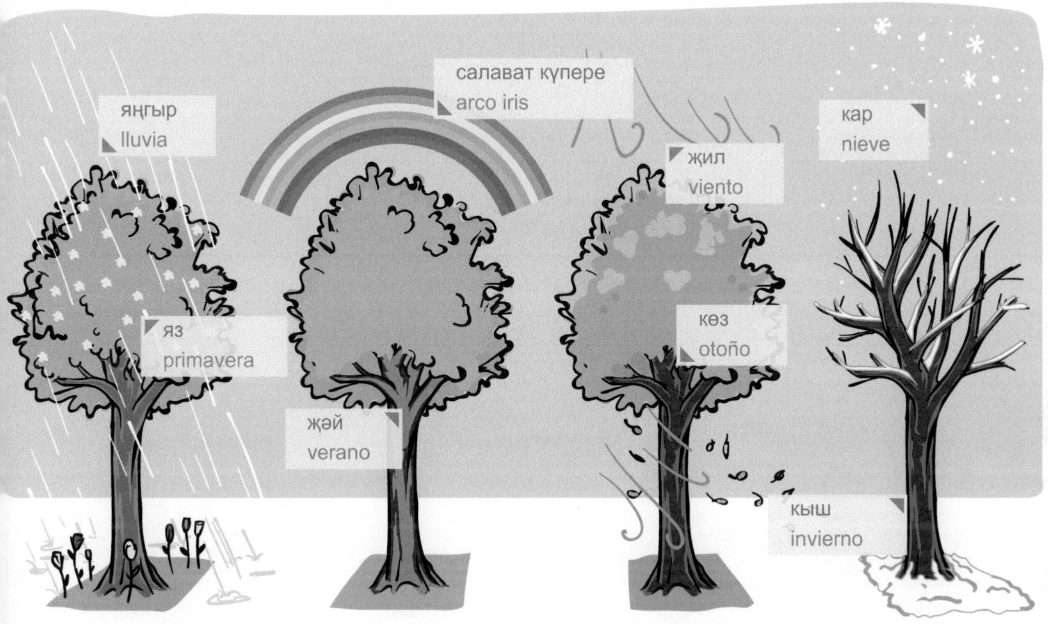
салават күпере
arco iris
яңгыр
lluvia
кар
nieve
җил
viento
яз
primavera
көз
otoño
җәй
verano
кыш
invierno

4.APRIL 11°
5.APRIL 4°
6.APRIL 13°
7.APRIL 8°
8.APRIL 10°

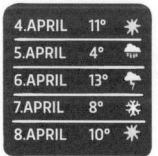

һава торышы

pronóstico meteorológico

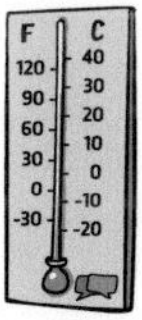
F C
120 40
90 30
60 20
30 10
0 0
-30 -10
-20

термометр

termómetro

кояш яктысы

luz del sol

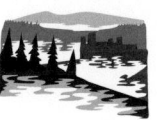

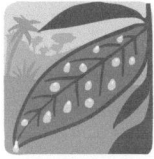

болыт

nube

томан

niebla

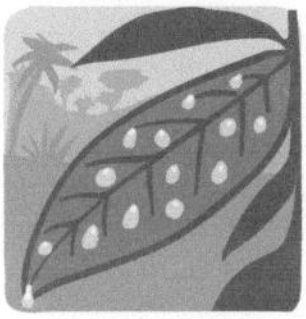

дымлылык

humedad

яшен

rayo

күк күкрәү

trueno

давыл

tormenta

боз

granizo

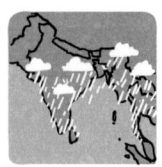

муссон

monzón

су басу

inundación

боз

hielo

гыйнвар

enero

февраль

febrero

март

marzo

апрель

abril

май

mayo

июнь

junio

июль

julio

август

agosto

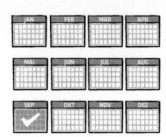

сентябрь

septiembre

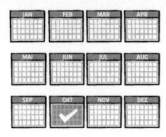

октябрь

octubre

ноябрь

noviembre

декабрь

diciembre

формалар
formas

божра

círculo

квадрат

cuadrado

турыпочмак

rectángulo

өчпочмак

triángulo

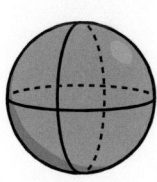

шар

esfera

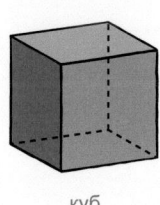

куб

cubo

төсләр
colores

ак

blanco

сары

amarillo

кызгылт сары

naranja

ал

rosa

кызыл

rojo

шәмәхә

violeta

зәңгәр

azul

яшел

verde

көрән

marrón

соры

gris

кара

negro

күп / аз

mucho / poco

усал / тыныч

enojado / tranquilo

матур / ямьсез

lindo / feo

башы / ахыры

principio / fin

зур / кечкенә

grande / chico

якты / караңгы

claro / oscuro

абый / эне

hermano / hermana

чиста / пычрак

limpio / sucio

тулы / тулы түгел

completo / incompleto

көн / төн

día / noche

үле / тере

muerto / vivo

киң / тар

ancho / angosto

ашарга яраклы / ашарга яраксыз

comestible / no comestible

явыз / яхшы

malo / amable

дулкынланган / сагынган

entusiasmado / aburrido

юан / ябык

gordo / flaco

башта / азакта

primero / último

дус / дошман

amigo / enemigo

тулы / буш

lleno / vacío

каты / йомшак

duro / blando

авыр / җиңел

pesado / liviano

ачлык / сусау

hambre / sed

авыру / сәламәт

enfermo / sano

хокуксыз / хокуклы

ilegal / legal

акыллы / акылсыз

inteligente / estúpido

сулдан / уңнан

izquierda / derecha

якын / ерак

cerca / lejos

яңа / тотылган

nuevo / usado

бер нәрсә дә / нәрсәдер

nada / algo

өлкән / яшь

viejo / joven

тоташтырылган / сүндерелгән

encendido / apagado

ачык / ябык

abierto / cerrado

әкрен / кычкырып

silencioso / ruidoso

бай / ярлы

rico / pobre

дөрес / дөрес түгел

correcto / incorrecto

кытыршы / шома

áspero / suave

моңсу / бәхетле

triste / contento

кыска / озын

corto / largo

җай / тиз

lento / rápido

дымлы / коры

mojado / seco

җылы / салкын

caliente / frío

сугыш / тынычлык

guerra / paz

0

ноль

cero

1

бер

uno

2

ике

dos

3

өч

tres

4

дүрт

cuatro

5

биш

cinco

6

алты

seis

7

җиде

siete

8

сигез

ocho

9

тугыз

nueve

10

ун

diez

11

унбер

once

12

унике

doce

13

унөч

trece

14

ундүрт

catorce

15

унбиш

quince

16

уналты

dieciséis

17

унҗиде

diecisiete

18

унсигез

dieciocho

19

унтугыз

diecinueve

20

егерме

veinte

100

йөз

cien

1.000

мең

mil

1.000.000

миллион

millón

инглизчə

inglés

американча инглиз

inglés americano

мандаринча Кытай

chino mandarín

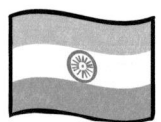

һинди

hindi

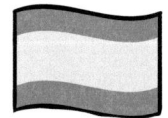

испан

español

француз

francés

гарəп

árabe

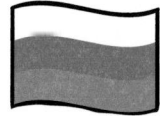

рус

ruso

португал

portugués

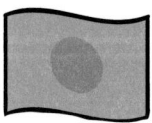

бенгал

bengalí

алман

alemán

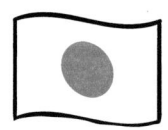

япон

japonés

мин

yo

син

vos

ул / ул / ул

él / ella

без

nosotros

сез

ustedes

алар

ellos

кем?

¿quién?

нәрсә?

¿qué?

ничек?

¿cómo?

кайда?

¿dónde?

кайчан?

¿cuándo?

исем

nombre

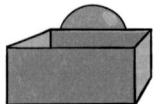

артта

detrás

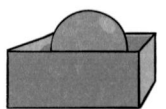

эчендә

en

алда

adelante de

өстендә

por encima de

өстенә

sobre

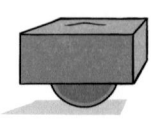

астында

debajo de

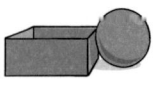

янәшә

al lado de

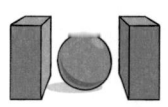

арасында

entre

урын

lugar